PROTOCERATOPS

por Janet Riehecky
ilustraciones de Diana Magnuson

THE CHILD'S WORLD

MANKATO, MN

*Con el más sincero agradecimiento a Bret S. Beall,
Coordinador de los Servicios de Conservación para
el Departamento de Geología, Museo de Historia
Natural, Chicago, Illinois, quien revisó este libro
para garantizar su exactitud.*

ISBN 1-56766-144-0

PROTOCERATOPS

Resulta difícil imaginarse cómo era el mundo
hace millones de años, cuando vivían los dinosaurios.

¿Temblaba la tierra cuando los dinosaurios
corrían por las llanuras?

¿Se agitaban los árboles cuando pasaban por su lado dinosaurios grandes?

¿Rebosaba un lago por sus orillas cuando una manada decidía echarse a nadar?

¿Se escondían los dinosaurios pequeños hasta que
hubiera pasado el peligro?

¿Acaso revoloteaban los insectos pensando que
eran demasiado pequeños para ser vistos?

Hay muchas cosas que sólo podemos imaginar sobre el mundo de los dinosaurios, pero hay otras que sí conocemos. Siempre que los científicos descubren huesos, dientes, huellas o huevos de dinosaurios, aprenden algo más sobre los dinosaurios y su mundo.

Los científicos han aprendido mucho sobre un dinosaurio llamado protoceratops. En los años 1920 los científicos descubrieron en Mongolia más de cien esqueletos de este dinosaurio. Los esqueletos mostraban el aspecto que tenía el protoceratops en edades diferentes, desde que eran crías pequeñas hasta que eran adultos ya crecidos.

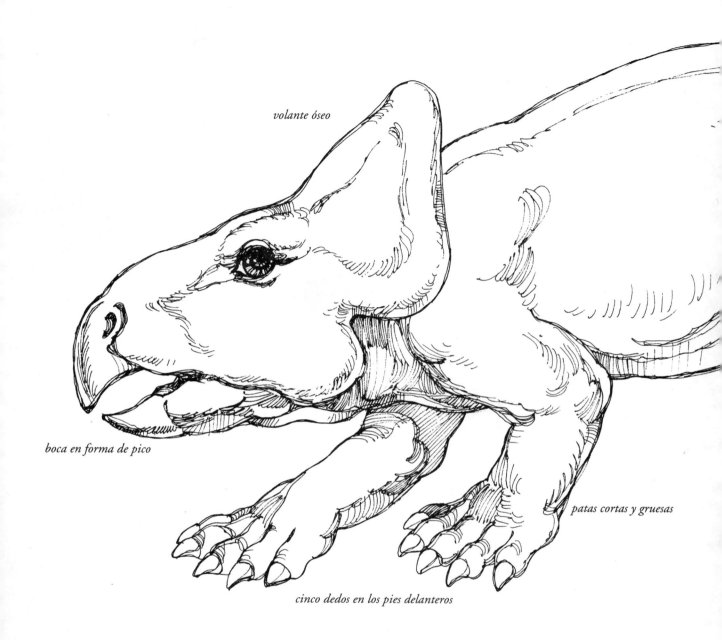

volante óseo

boca en forma de pico

patas cortas y gruesas

cinco dedos en los pies delanteros

Los protoceratops adultos eran pequeños en comparación con los demás dinosaurios. Solamente medían unos ochenta centímetros de alto y unos dos metros de largo. Pero el protoceratops era un animal con un cuerpo macizo que podía pesar de ciento treinta a ciento ochenta kilos.

cola gruesa y corta

cuatro dedos en los pies traseros

Los adultos tenían un volante óseo que les cubría la cabeza y el cuello. Los científicos piensan que los machos tenían un volante más grande que las hembras. Las patas traseras de los dinosaurios eran un poquito más largas que las delanteras, y tenían una cola corta, pero fuerte.

El lugar que los científicos descubrieron en
Mongolia era un terreno de nidos que mostró que el
protoceratops ponía huevos en una zona desértica
arenosa. Cuando a la hembra protoceratops le llegaba
el momento de poner los huevos, cada dinosaurio

excavaba un nido pequeño en la arena. Ponía los
huevos en círculo dentro del nido y luego los cubría
con la arena para mantenerlos calientes. Por lo general
cada nido tenía unos veinte huevos, puestos en dos
capas.

Los huevos del protoceratops eran muy pequeños, medían de quince a veinte centímetros y tenían una cáscara áspera. Las crías, que medían unos treinta centímetros de largo, estaban acurrucadas en el interior. Cuando una cría nacía, se parecía mucho a un adulto, con excepción del volante de la cabeza, que era muy pequeño. Pero el volante, y todo lo demás, crecía pronto.

La boca del protoceratops tenía un pico y dos dientes pequeños en la parte delantera. Los carrillos contaban con muchos dientes más. El pico de los adultos y sus mandíbulas fuertes eran muy buenos para masticar plantas duras, pero a las crías les habría costado mucho trabajo masticar cualquier cosa. Los científicos piensan que las crías se quedaban en el nido y los protoceratops adultos masticaban plantas y alimentaban a las crías con esa papilla blanda.

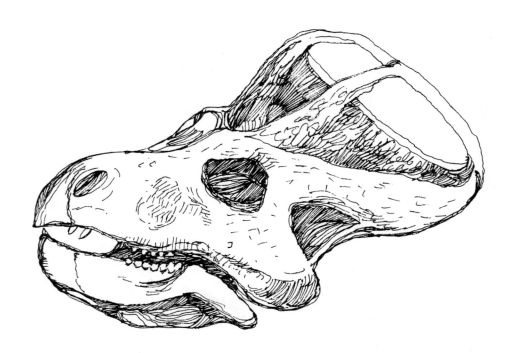

La vida era peligrosa para un protoceratops
incluso antes de nacer. Había muchos dinosaurios
a los que les encantaban los huevos... para
desayunar, almorzar o cenar.

Un carnívoro como el oviraptor, que quiere
decir "ladrón de huevos", probablemente esperaba
a que una madre protoceratops fuera a buscar
comida. Entonces, cuando no había peligro, se
acercaba al nido y escarbaba en la arena.

Cuando un oviraptor encontraba un huevo,
aplastaba la cáscara con su pico afilado y se

zampaba el líquido delicioso del interior. Pero a
veces era sorprendido mientras se daba el festín.
Si la mamá protoceratops no se encontraba muy
lejos, el oviraptor se iba a ver en apuros, porque la
mamá iba a embestir contra él para rescatar los
huevos. Es posible que el oviraptor pudiera
escapar, pero no siempre podía hacerlo. Los
científicos han encontrado un nido de
protoceratops con el esqueleto de un oviraptor
dentro. Parece probable que el "ladrón de huevos"
fue descubierto en esa ocasión.

A algunos carnívoros más grandes que el oviraptor no les importaba enfrentarse con una mamá protoceratops, o incluso con un papá. A la mayoría de los carnívoros, un protoceratops adulto probablemente parecía un festín con patas: pequeño, pero gordo y sabroso. Y todavía mejor, no tenía ni cuernos ni garras para defenderse. Ni siquiera podía correr muy rápidamente ya que tenía unas patas muy cortas.

Pero no resultaba tan fácil como parecía comerse a un protoceratops, ya que éste no se rendía sin luchar. Una pelea entre un protoceratops y un carnívoro podía ser realmente feroz.

El protoceratops podía azotar al carnívoro son su cola fuerte y gruesa, o morderlo con su pico afilado. Si

el carnívoro le devolvía el mordisco al protoceratops en cualquier parte de la cabeza, al protoceratops ni siquiera le dolía. El carnívoro simplemente se rompía unos cuantos dientes al morder el volante óseo del protoceratops. La mejor oportunidad que tenía el carnívoro era acuchillar el vientre sin protección del protoceratops, pero aún así todavía podía perder.

Los científicos han descubierto empotrados en una roca los esqueletos de un protoceratops y un carnívoro llamado velociraptor enzarzados en una pelea. El velociraptor había agarrado el volante del protoceratops para sujetarlo con fuerza mientras le acuchillaba con sus garras la barbilla y la garganta. El protoceratops clavaba su pico en el estómago del velociraptor. Parece que ambos animales murieron al mismo tiempo. Ninguno de los dos ganó esa pelea.

Derecha: los esqueletos fosilizados del protoceratops y del velociraptor empotrados en una roca (copiado de una fotografía real)

Arriba: dibujo hecho por los científicos del aspecto que debían tener el protoceratops y el velociraptor en el momento de su muerte.

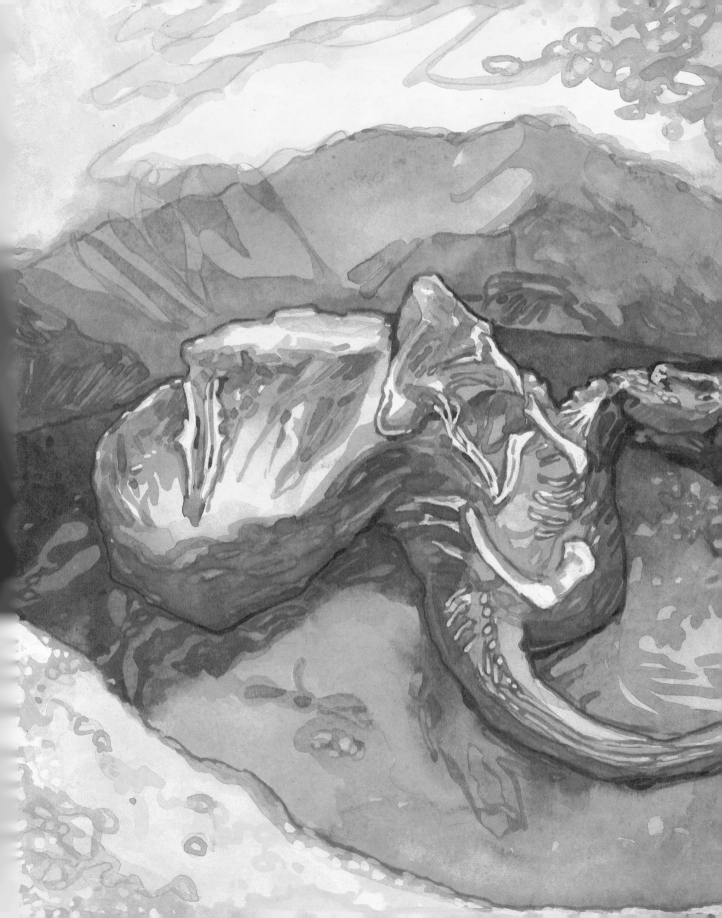

El nombre "protoceratops" quiere decir
"primera cara con cuerno". Este nombre puede
parecer extraño para un dinosaurio que no tenía
ningún cuerno, ni en la cara ni en ningún otro
sitio. Pero los científicos lo llamaron así porque
pensaban que era el antepasado de todos los
dinosaurios grandes con cuernos. Todos los

protoceratops tenían un bulto en la nariz y algunos
también tenían bultos sobre los ojos. Los científicos
piensan que con el transcurso de millones de años,
esos bultos llegaron a transformarse en cuernos.
También piensan que el volante óseo se hizo cada vez
más grande y elegante.

Los dinosaurios grandes con cuernos que vivieron después del protoceratops eran unos seres enormes, que tenían muchos cuernos largos y peligrosos, algunos incluso tenían cuernos en sus volantes.

Un protoceratops probablemente sólo llegaba a la altura de la rodilla de la mayoría de los dinosaurios grandes con cuernos. Y todo su cuerpo no era ni siquiera tan grande como el volante de algunos de esos dinosaurios. Pero se podría considerar a todos éstos como los tataranietos del protoceratops.

Todos los protoceratops desaparecieron mucho antes del final de la era de los dinosaurios, pero sus descendientes, los dinosaurios grandes con cuernos, estuvieron entre los últimos dinosaurios que habitaron la tierra.

 **¡A divertirse con los dinosaurios!**

Puedes fabricar un móvil de dinosaurios para colgar en tu cuarto. Para ello vas a necesitar:

– un colgador
– cuerda
– varios trozos de papel pesado o cartulina
– creyones o marcadores

1. Dibuja sobre el papel o la cartulina el perfil de 3 ó 5 de tus dinosaurios favoritos. Puedes copiarlos de los diagramas que aparecen en los libros de esta serie. Recorta los dinosaurios y colorea ambos lados del papel con creyones o marcadores.

2. Haz una perforación en el centro, cerca de la parte superior de cada dinosaurio. Introduce un extremo de la cuerda a través de la perforación y átalo. Ata el otro extremo al colgador. Corta la cuerda de tamaños diferentes para que los dinosaurios cuelguen a niveles distintos.